OS SALMOS E OS Livros Sapienciais

Dados Internacionais de Catalogação na Publicação (CIP)
(Câmara Brasileira do Livro, SP, Brasil)

Fonsatti, José Carlos
　　Os salmos e os livros sapienciais / José Carlos Fonsatti. – Petrópolis, RJ : Vozes, 2022. – (Coleção Introdução à Bíblia)

　　ISBN 978-65-5713-486-3

　　1. Bíblia. A.T. Livros sapienciais – Introduções I. Título. II. Série.

21-88167　　　　　　　　　　　　　　　　　　　　　　　　CDD-223.061

Índices para catálogo sistemático:
1. Livros sapienciais : Antigo Testamento : Bíblia : Introduções 223.061

Cibele Maria Dias – Bibliotecária – CRB-8/9427

Pe. José Carlos Fonsatti, CM

OS SALMOS E OS
Livros Sapienciais

Petrópolis

© 2022, Editora Vozes Ltda.
Rua Frei Luís, 100
25689-900 Petrópolis, RJ
www.vozes.com.br
Brasil

Todos os direitos reservados. Nenhuma parte desta obra poderá ser reproduzida ou transmitida por qualquer forma e/ou quaisquer meios (eletrônico ou mecânico, incluindo fotocópia e gravação) ou arquivada em qualquer sistema ou banco de dados sem permissão escrita da editora.

CONSELHO EDITORIAL

Diretor
Gilberto Gonçalves Garcia

Editores
Aline dos Santos Carneiro
Edrian Josué Pasini
Marilac Loraine Oleniki
Welder Lancieri Marchini

Conselheiros
Francisco Morás
Ludovico Garmus
Teobaldo Heidemann
Volney J. Berkenbrock

Secretário executivo
Leonardo A.R.T. dos Santos

Diagramação: Victor Mauricio Bello
Revisão gráfica: Alessandra Karl
Capa: Editora Vozes

ISBN 978-65-5713-486-3

Este livro foi composto e impresso pela Editora Vozes Ltda.

SUMÁRIO

Apresentação, 7

I. O LIVRO DOS SALMOS, 9

1. Numeração dos Salmos, 12
2. Coleções, 14
3. Os títulos dos Salmos, 15
4. Data de composição, 19
5. Os gêneros literários, 21
6. Os Salmos: Oração de Jesus e dos cristãos, 26

II. OS LIVROS SAPIENCIAIS, 29

1. O Livro de Jó, 30
2. O Livro dos Provérbios, 36
3. O Livro do Eclesiastes, 40
4. O cântico dos cânticos, 44
5. O Livro da Sabedoria, 47
6. O Livro do Eclesiástico, 50

Referências, 53

APRESENTAÇÃO

A Bíblia da Igreja Católica, a Vulgata, reúne sob o título de "LIVROS SA-PIENCIAIS" os livros de Jó, Salmos, Provérbios, Eclesiastes (Coélet), Cântico dos Cânticos, Livro da Sabedoria e Eclesiástico (Sirac/Sirácida).

Porém, o Livro dos Salmos ou Saltério não é um livro sapiencial, mas sim um livro de orações. Do mesmo modo, o Cântico dos Cânticos é um poema de amor e não possui as características dos outros livros sapienciais.

Na Bíblia hebraica esses sete livros ocupam a terceira parte entre OS ESCRITOS. Sob esse título a Bíblia hebraica reúne outros livros que em nossa Bíblia estão colocados entre os livros históricos e proféticos.

É importante saber que os Livros da Sabedoria e o Livro do Eclesiástico não são considerados inspirados pelos judeus, pois foram escritos em grego e fora de Israel. Eles também não estão na Bíblia protestante. Por isso fazem parte dos chamados "Livros Deuterocanônicos".

Os livros de Jó, Provérbios, Eclesiastes, Sabedoria e Eclesiástico apesar de apresentar diferenças em muitos detalhes, possuem um elemento fundamental que constitui sua característica principal: a fé em uma sabedoria divina que governa o mundo.

Essa sabedoria muitas vezes foi personificada a ponto de ser considerada divina. E é o próprio Deus quem a doa a muitos de seus filhos. Portanto, a sabedoria é um dom de Deus. Em outros textos a sabedoria é entendida como a habilidade, o conhecimento que se adquire ao longo dos anos. A sabedoria é, então, o fruto da experiência e da capacidade humana. Os sábios são as pessoas de idade avançada que adquiriram um conhecimento e experiência ao longo de suas vidas.

O Rei Salomão é apresentado na Sagrada Escritura como o sábio por excelência, o protótipo de todos os sábios de Israel. Por isso a Tradição judaica e cristã o consideram autor de todos os livros sapienciais.

Encontramos livros sapienciais em outros países como Egito, Assíria, Babilônia. Há uma grande semelhança entre esses vários textos. Porém, a grande diferença entre a doutrina sapiencial desses países e a doutrina israelita está no fato de que essa última identifica a sabedoria com o temor de Deus. Por isso procura ensinar um comportamento ético que torne as pessoas fiéis a Deus e amigos de seus irmãos.

Nesse estudo seguiremos a ordem que os livros ocupam na Bíblia com uma única diferença: discorreremos sobre o Livro dos Salmos antes do Livro de Jó, pelas razões acima apresentadas.

Pe. José Carlos Fonsatti, CM

O LIVRO DOS SALMOS

I

O Livro dos Salmos é uma coleção de orações. Sua originalidade consiste exatamente em não ser um texto narrativo ou de leis como os outros livros do Antigo Testamento, mas de oração. Um dos antigos rabinos afirmou: "Em todas as Escrituras Sagradas é o Eterno que se comunica com o indivíduo. Porém, com o auxílio do Livro dos Salmos, é a alma do homem que se comunica com o Altíssimo".

Essa afirmação ajuda a compreender que aquele que deseja maior aproximação com Deus, precisa conhecer e rezar com esse livro.

Em muitos aspectos o Livro dos Salmos ocupa o centro da Bíblia: o capítulo central da Bíblia é o Sl 117(116) que é também o menor. E o versículo central é Sl 118(117),8: *"Melhor é refugiar-se junto ao Senhor do que se fiar no ser humano"*.

Na Bíblia hebraica o Livro dos Salmos é chamado de "LIVRO DOS LOUVORES" (Sefer thehillim). Na Bíblia grega (Setenta) e na latina (Vulgata) o livro recebeu o título de SALTÉRIO OU LIVRO DOS SALMOS.

Saltério é um instrumento musical de cordas usado para acompanhar o canto. É difícil dizer exatamente qual era a sua forma. Alguns falam de uma espécie de harpa, outros de cítara. Em todo o caso, era um instrumento de cordas tocado com os dedos, como o nosso violão, e não como o violino. O Salmo era um poema para ser cantado acompanhado pelo saltério.

O Livro dos Salmos ocupa lugares diferentes na Bíblia hebraica e na Bíblia grega e latina. Na Bíblia hebraica o Livro dos Salmos é o primeiro livro da terceira parte, denominada Escritos. Nas bíblias grega e latina ocupa o segundo lugar, depois do Livro de Jó, entre os chamados livros sapienciais, ou Poéticos, ou ainda Didáticos.

O Saltério é uma coleção de 150 Salmos. Porém, esse número não é exato. De fato, os Salmos 9 e 10 são um único Salmo; o Salmo 14(13) é repetido no Salmo 53(52) e o Salmo 108(107) é formado pela união dos Salmos 57(56), 8-12 e 60(59),7-14. Os antigos rabinos contavam 147 Salmos, "o número dos anos do nosso Pai Jacó".

1

NUMERAÇÃO DOS SALMOS

Em nossas bíblias notamos que a partir do Salmo 10 até o Salmo 147, há uma dupla numeração. Por exemplo: Sl 11(10). Essa numeração diferente se deve ao fato que ao se fazer a tradução do texto hebraico para o grego, os tradutores uniram os Salmos 9 e 10 em um só Salmo. Realmente se trata de um único salmo alfabético.

O mesmo aconteceu com os Salmos 114 e 115 que também foram unidos em um único. Por outro lado, os Salmos 116 e 147 do texto hebraico foram divididos em dois no texto grego. Assim, tanto a Bíblia hebraica como a Bíblia grega contam com 150 Salmos.

Bíblia hebraica	Bíblia grega
Sl 1 a 8	Sl 1 a 8
9	**9,1-21**
10	**9,22-39**
11 a 113	10 a 112
114	**113,1-8**
115	**113,9-20**
116,1-9	114
116,10-19	115
117 a 146	116 a 145
147,1-11	146
147,12-20	147
148 a 150	148 a 150

Em resumo, do Salmo 11(10) ao 147(146) a numeração da Bíblia grega é um número inferior à Bíblia hebraica.

A Vulgata, isto é, o texto latino, segue a numeração do texto grego. E a Vulgata é a Bíblia oficial da Igreja. Portanto, na liturgia sempre se cita o Salmo com a numeração da Bíblia grega, isto é, com a numeração inferior.

As edições modernas da Bíblia indicam os dois números; o número hebraico e entre parênteses o número grego. Exemplo: Salmo 23(22): "O Senhor é meu pastor..."

2

COLEÇÕES

Todo o Saltério é dividido em cinco (5) livros ou coleções de tamanhos diferentes. "Assim como Moisés deu cinco Livros da Lei a Israel, assim Davi deu cinco livros de Salmos a Israel" (Midrash Tehilim – Comentário dos Salmos dos rabinos).

As cinco coleções são: Sl 1 – 41(40)
42(41) – 72(71)
73(72) – 89(88)
90(89) – 106(105)
107(106) – 150

Cada uma dessas coleções termina com uma doxologia:

- Sl 41(40),14: *"Bendito seja o Senhor, Deus de Israel desde sempre e para sempre! Amém! Amém!"*

- Sl 72(71),18-20: *"Bendito seja o Senhor Deus, o Deus de Israel, o único que faz maravilhas! Bendito seja para sempre o seu nome glorioso! Que toda a terra seja repleta de sua glória! Amém! Amém! Fim das orações de Davi, filho de Jessé".*

- *Sl 89(88),53: "Bendito seja o Senhor para sempre! Amém! Amém!"*

- Sl 106(105),48: *"Bendito seja o Senhor Deus de Israel, desde sempre e para sempre! E todo o povo dirá: Amém! Amém!"*

Essas quatro doxologias começam com a mesma expressão: "Bendito seja o Senhor...". E terminam com um duplo "Amém".

O Salmo 150 é uma grande doxologia que conclui todo o Saltério. Todo ser que respira, isto é, todo ser vivo é convidado a louvar o Senhor com todos os instrumentos musicais.

OS TÍTULOS
DOS SALMOS

3

Ao estudar os Salmos é interessante prestar atenção no primeiro versículo de cada um deles, que normalmente é chamado de "Título dos Salmos".

Ali estão algumas observações tais como a paternidade do Salmo, isto é, quem foi seu autor; o tipo de Salmo: lamentação, súplica, cântico etc.; o instrumento a ser usado no acompanhamento do Salmo: cítara, harpa, saltério, flauta etc.; a circunstância histórica em que o salmo foi composto.

Essas observações de caráter prático provavelmente foram acrescentadas pela tradição judaica. Mesmo que não pertençam aos autores dos salmos, essas observações refletem uma antiga tradição. Muitas delas contêm expressões arcaicas que são de difícil compreensão. Ao se fazer a tradução grega da Bíblia, os tradutores já não compreenderam muitas dessas expressões e, por outro lado, acrescentaram muitas outras observações que não constavam no texto hebraico original.

Alguns salmos são chamados de "Salmos órfãos" porque não são atribuídos a ninguém. Por exemplo: Sl 1; 2; 33(32); 43(42) e outros.

Vamos olhar, mesmo que rapidamente, essas observações.

1. Paternidade

Dos 150 Salmos, setenta e dois (72) são atribuídos a Davi. Assim como todo o Pentateuco foi atribuído a Moisés, e os livros sapienciais a Salomão, também a grande parte dos Salmos foi atribuída a Davi. O autor dos Livros das Crônicas afirma que Davi organizou todo o culto do templo, e particularmente o canto sacro, bem antes do Templo ser construído (1Cr 23,26; 2Cr 29,30). Também o Novo Testamento atribui muitos Salmos a Davi (At 2,25; 4,25; 13,35; Rm 4,6).

Com o passar do tempo a Tradição judaica e também a cristã atribuíram todos os Salmos a Davi, inclusive os atribuídos a outras pessoas e os anônimos. Podemos dizer que a paternidade davídica é mais um caso de pseudonimia na Bíblia.

| 15 |

Além dos atribuídos a Davi, doze Salmos são atribuídos a Asaf: Sl 50(49); 73(72) a 83(82). Asaf era um levita, filho de Baraquías (1Cr 6,24.39). Era o responsável por um dos corais de levitas que cantavam diante da Arca em Jerusalém (1Cr 16,5s.).

Onze Salmos são de autoria de Coré: Sl 42(41); 44(43) a 49(48); 84(83); 85(84); 87(88); 88(87). O Livro dos Números apresenta um levita chamado Coré que por ambição revoltou-se contra Moisés não reconhecendo os privilégios sacerdotais de Aarão (Nm 6). Os filhos de Coré, isto é, seus descendentes, eram os porteiros do Templo de Jerusalém (1Cr 26,19).

Salomão é considerado o autor dos Salmos 72(71) e 127(126).

E o Salmo 90(89) é atribuído a Moisés. O salmo 88(87) é de Emã em parceria com os filhos de Coré e o Salmo 89(88) de Etã. Emã e Etã são colocados entre os sábios do Templo de Salomão (1Rs 4,31) e entre os cantores de Davi (1Cr 15,17-19; 25,5).

2. Caráter poético

Nós normalmente falamos de 150 Salmos. Mas se prestarmos atenção aos títulos de cada um, veremos que apenas 57 são chamados de SALMOS. Por exemplo: Sl 8; 9; 12(11); 13(12); 15(14); e outros.

Trinta vezes o autor diz que se trata de um CÂNTICO. Exemplos: Sl 30(29); 46(45). O Sl 45(44) é intitulado como "Cântico de amor". Do Sl 120(119) ao Sl 133(132) encontramos uma série de "Cântico de peregrinação". Outros são chamados de ODE ou ainda ODE SACRA. Exemplos: Sl 32(31); 42(41); 44(43); etc.

Alguns salmos são classificados como PRECE ou ORAÇÃO. Exemplos: Sl 17(16); 86(85); 90(89); 102(101). Uma única vez se cita um HINO, o Sl 145(144).

O Salmo 7 é chamado de LAMENTAÇÃO.

3. Caráter musical

Alguns títulos mencionam o instrumento musical de acompanhamento do Salmo.

Com instrumentos de corda: Sl 4; 54(53); 61(60); 67(66); 76(75). Com a flauta: Sl 5.

Em alguns casos se menciona o modo como o Salmo deve ser cantado:

- "Segundo a melodia guitita" – Sl 8; 81(80); 84(83). Algumas bíblias traduzem: "com a harpa (ou a melodia) de Gat".

- "Segundo a melodia 'A corsa da aurora'" – Sl 22(21).

- "Segundo a melodia 'A pomba dos que estão longe' – Sl 56(55). Outra possível tradução: 'A opressão dos príncipes (ou dos deuses) distantes'". A palavra opressão em hebraico também significa pomba.

- "Segundo a melodia 'O lírio do testemunho'" – Sl 60(59)

- "Segundo a oitava melodia" – Sl 12(11)

- Os Salmos 57(56) a 59(58) e o Salmo 75(74) possuem uma observação incompreensível: "Não destruas".

- O Salmo 9 deve ser cantado "com som forte; por um solista".

4. Uso litúrgico

Os mais conhecidos são os "Cânticos de peregrinação" (Sl 120(119) a 134(133). Algumas bíblias traduzem como "cântico das subidas" ou "das ascensões".

Segundo alguns textos rabínicos, como o Talmud, esses Salmos eram cantados pelos levitas no pátio dos homens no Templo, no início da festa dos Tabernáculos ou das Tendas. Para outros, são cânticos dos exilados que voltavam do exílio na Babilônia. Mas, provavelmente, são melodias cantadas pelos peregrinos que se dirigiam para Jerusalém por ocasião das grandes festas.

Há alguns Salmos que se referem a um determinado uso litúrgico. Por exemplo:

- O Sl 92(91) é um "Cântico para o dia de sábado".

- O Sl 100(99) é um "Salmo para o sacrifício de ação de graças".

- O Sl 30(29) é um "Cântico para a dedicação do Templo".

5. Circunstâncias históricas

Alguns Salmos mencionam a circunstância histórica em que foram compostos. Citamos alguns exemplos:

- O Sl 3 é de Davi **"quando fugia do seu filho Absalão".**

- O Sl 18(17) foi rezado por Davi **"no dia em que o Senhor o livrou da mão de todos os seus inimigos e do poder de Saul".**

- O Sl 51(50) foi composto por Davi **"quando o Profeta Natan veio ter com ele, depois que esse se unira com Betsabéa".**

- Sl 56(55) é um **"Poema de Davi, quando os filisteus o prenderam em Gat".**

Essas observações históricas não podem ser consideradas como informações exatas. Foram acrescentadas posteriormente para dar a alguns Salmos um determinado contexto histórico. Por exemplo, o Salmo 3 é um pedido de proteção a Deus contra os inimigos. Mas nada no Salmo faz referência ao fato histórico da revolta de Absalão contra seu pai Davi.

O Salmo 18(17) tem uma grande semelhança com uma oração atribuída a Davi *"quando o Senhor o libertou de todos os seus inimigos e das mãos de Saul"* que se encontra em 2Sm 22. Inclusive a introdução do Salmo retoma o texto de 2Sm 22,1.

DATA DE COMPOSIÇÃO

4

Dois aspectos devem ser considerados ao se falar da datação dos salmos: o tempo de composição de um determinado salmo e a data provável para a composição de todo o Livro dos Salmos. Datar um Salmo, com base nas informações fornecidas pelos títulos é falha, pois esses títulos foram acrescentados aos salmos algum tempo depois.

Mas é possível determinar, de modo geral, a data de alguns salmos. Por exemplo, os chamados "Salmos reais" supõem a existência de reis em Judá. É impossível saber a qual rei o Salmo se refere, mas todos eles foram compostos quando ainda havia reis em Israel e Judá. Por exemplo: Sl 20(19); 21(20); 45(44); 72(71); 110(109). O Salmo 89(88), baseado na profecia de Natã (2Sm 7,8s.) canta a promessa divina da perpetuidade da dinastia davídica no trono de Judá. Portanto, são Salmos que foram compostos antes da queda de Jerusalém e do desaparecimento da monarquia davídica. Outros salmos, porém, supõem o exílio ou a reconstrução de Jerusalém.

Quanto ao Livro dos Salmos é impossível saber quando e onde foi feita a coleção de todos os salmos. É certo que não podemos considerar o Livro dos Salmos como um único texto com 150 capítulos. Ao contrário, trata-se de uma coleção de pequenas coleções. Um indício encontramos no final do Salmo 71(72): "Fim das orações de Davi, filho de Jessé" (Sl 71(72),20). Portanto, podemos supor a existência de uma coleção de orações ou Salmos de Davi.

Outro indício da existência de pequenas coleções está na atribuição de determinados salmos a um autor. Há um grande grupo de salmos atribuídos a Davi. Uma outra coleção (Sl 73–83) é de Asaf; ou aos filhos de Coré (Sl 42–49; 84–85; 87–88). Mais do que na autoria desses salmos, podemos pensar na coleção própria de cada um desses personagens. Podemos, pois, falar de pequenas coleções que foram unidas formando o livro atual. A coleção mais antiga, provavelmente, é a primeira, ou seja, os Salmos 1 a 41(40). A essa coleção foi acrescentada outra formando a coleção das "orações de Davi, filho de Jessé" (Sl 71,20). Aos poucos as outras coleções foram sendo acrescentadas.

Sem dúvidas o livro se formou ao longo de muitos anos. O certo é que no século II a.C. o Saltério já estava pronto, pois foram encontrados nas grutas de Qumran algumas cópias do Saltério. Também a tradução grega da Bíblia, século II a.C., contém o Livro dos Salmos idêntico ao texto da Bíblia hebraica com a única modificação na numeração dos salmos. Portanto, no século II a.C. o Saltério já estava pronto e era usado nas liturgias do Templo de Jerusalém e nos momentos de oração nas sinagogas.

Características poéticas dos salmos

É muito difícil determinar as regras que regiam a poesia hebraica. Porém, é possível determinar algumas características:

1. A poesia hebraica: regulada pelo ritmo e não pela métrica (número de sílabas) como a nossa poesia. O importante é a acentuação das palavras. Logicamente ao traduzir o texto original hebraico para o grego, depois para o latim e finalmente para o português, essa característica desapareceu.

2. O paralelismo: consiste na repetição da mesma ideia com palavras semelhantes ou contrárias. Por exemplo como podemos observar nos seguintes salmos: *"Feliz aquele que não anda em companhia dos ímpios, não se detém no caminho dos pecadores nem se assenta na reunião dos zombadores, mas na lei do Senhor se compraz e recita sua lei dia e noite" (Sl 1,1-2). "Os céus narram a glória de Deus, e o firmamento proclama a obra de suas mãos" (Sl 19(18),2).*

3. Acrósticos: em alguns salmos cada versículo começa com uma letra do alfabeto hebraico. Algumas edições da Bíblia em português colocaram à margem do texto do salmo a letra do alfabeto hebraico que iniciava cada versículo. Exemplos: Sl 9-10; Sl 25; 34; 111(110); 112(111) (cada versículo). No Sl 37(36) cada dois versículos começam com uma letra hebraica. No Sl 119(118) cada oito versículos contém a mesma letra.

4. Uso de refrãos: Alguns salmos apresentam a repetição de terminados versículos à moda de refrão. Por exemplo: Sl 42(41), 6.12; 46(45), 8.12; 57(56), 6.12; 67(66),4.6;

OS GÊNEROS LITERÁRIOS

5

Denominamos salmo todas as 150 composições que formam o Saltério. Porém, nem todos os salmos possuem as mesmas características literárias. Quando falamos dos títulos dos Salmos, descobrimos que muitos deles recebem nomes diferentes.

Essa diversidade de forma e conteúdo literário é facilmente percebida quando lemos determinados salmos. Distinguimos uma oração de súplica, uma ação de graças, um canto de louvor, uma lamentação. A essas várias formas chamamos de gênero literário dos salmos. O conhecimento do gênero literário de um texto bíblico ajuda muito na sua interpretação.

Porém, nem sempre é fácil classificar os salmos, porque em um mesmo salmo podemos encontrar dois ou mais gêneros literários. Por exemplo: as súplicas sempre terminam com uma ação de graças; os hinos podem também ser salmos reais ou cânticos de Sião etc. A primeira observação a ser feita é a distinção entre salmos individuais e coletivos. Uma súplica ou ação de graças ou um hino de louvor pode provir de uma pessoa ou de um grupo de pessoas. Os salmos coletivos podem provir de orações usadas no culto, nos momentos de festas ou qualquer outro ato cultural. Ao contrário, os salmos individuais podem derivar de um ato de piedade pessoal.

Consideremos alguns desses gêneros literários:

Hinos

Os hinos podem ser encontrados em quase todos os livros da Bíblia, desde o cântico de Miriam (Ex 15) ou do cântico de Débora (Jz 5) até os hinos do Novo Testamento como o Magnificat. Os hinos do Saltério são sempre teocêntricos, isto é, celebram unicamente Deus nos seus atributos ou nas suas obras.

Os hinos possuem uma estrutura muito simples:

- Introdução: é sempre um convite ao louvor dirigido a todo o povo de Israel, aos justos ou ao próprio salmista. Às vezes se faz menção dos instrumentos musicais que devem acompanhar o canto.

- A parte central normalmente é introduzida por um "porque" e são apresentados os motivos do louvor a Deus.

- Conclusão: normalmente se repete o convite inicial ou se exprime um desejo ou um voto.

São classificados como hinos os Salmos: 8; 29(28); 33(32); 67(66); 100(99); 103(102); 104(103); 105(104); 106(105); 111(110); 113(112); 114(113); 146(145) a 149, entre outros.

Súplicas

Os salmos de súplica são também chamados de lamentações. E as súplicas individuais são mais numerosas do que as coletivas.

O salmista invoca o auxílio divino em uma situação de perigo. Uma das dificuldades desses salmos é a identificação do adversário ou inimigo que se opõe ao salmista. São denominados "homens sanguinários", "ímpios", "mentirosos", "ladrões", "leões" ou mesmo um "exército inteiro".

É impossível saber exatamente que circunstância ocasionou uma determinada súplica individual. Quanto às súplicas coletivas podem ter sido ocasionadas por uma invasão militar, ou um problema climático (seca, tempestade).

Outra característica das súplicas é a passagem, muitas vezes brusca, da súplica à certeza da intervenção divina. Isso faz com que alguns salmos de súplica sejam considerados de ação de graças.

Os salmos de súplica, também, possuem uma estrutura:

- Introdução: se faz a invocação a Deus, se apresenta o pedido e, algumas vezes o salmista faz sua apresentação: ele é um justo, alguém que observa a Lei etc.

- Súplica: se faz a exposição do perigo com expressões como: cura-me, perdoa-me, julga-me, livra-me etc. São apresentados também os motivos pelos quais o Senhor deve ouvir a súplica: a fidelidade do suplicante, a bondade e a fidelidade divina.

- Conclusão: a pessoa agradece a Deus na certeza de ser atendido.

São classificados entre as súplicas os Salmos: 3; 5; 7; 10(9B); 13(12); 22(21); 25(24); 44(43); 51(50); 79(78); 80(79); 83(82); 130(129) e vários outros. Alguns desses salmos se tornaram populares, como por exemplo, o Sl 130(129) usado como oração pelas almas do purgatório; o Sl 22(21) usado por Jesus e pelos evangelistas; o Sl 51(50) como salmo penitencial.

Ação de graças

Os salmos de ação de graças se assemelham em muitos detalhes às súplicas e também aos hinos. Muitos desses salmos, provavelmente, eram cantados nos sacrifícios de agradecimento, também chamados sacrifícios de comunhão ou pacíficos.

São textos repletos do sentimento de gratidão ao Senhor. Aquele que agradece, reconhece a intervenção divina que o libertou de um grave perigo. Às vezes o fiel se considerava praticamente morto e o Senhor lhe deu novamente a vida. A imagem da passagem da morte para a vida é um modo de expressar a passagem do pecado para o perdão, do castigo para a salvação.

Normalmente sua estrutura é:

- Convite ao louvor: o fiel convida outras pessoas para associarem-se ao seu louvor. Esses salmos usam a expressão "louvar" para dizer "agradecer".

- Descrição da ação divina: se começa descrevendo a situação de perigo que a pessoa se encontrava; a seguir se apresenta a invocação do auxílio divino e se narra a ação de Deus que atendeu o pedido de socorro.

- Na conclusão se manifesta o desejo de louvar a Deus, de lhe oferecer sacrifícios de agradecimento em cumprimento aos votos feitos no momento de perigo.

Alguns Salmos de ação de graças: 18(17); 32(31); 34(33); 40(39); 66(65); 124(123).

Salmos reais

São salmos que se referem ao rei, mesmo que seja impossível identificar a qual rei se refere e celebram a realeza de Javé. A origem desses salmos parece ser a profecia de Natã sobre a perpetuidade da dinastia de Davi no trono de Judá (2Sm 7). Alguns deles podem ter sua origem na época da monarquia. Com o desaparecimento da monarquia esses salmos tomaram um sentido messiânico.

São divididos em três categorias:

- Salmos pronunciados pelo rei. São muito parecidos aos hinos, mas cantam a intervenção divina em favor do rei.

- Salmos dirigidos a Deus em favor do rei. Por exemplo, lembrando a Deus sua promessa de auxílio ao rei ou da perpetuidade da dinastia de Davi.

- Salmos que cantam a intervenção divina pelo rei, por exemplo, para agradecer uma determinada vitória militar.

Os principais Salmos reais são: Sl 2; 45(44) e 110(109).
Os Salmos que cantam a realeza de Javé são: Sl 47(46); 93(92); 97(96); 99(98).

Cânticos de Sião

Um grupo de salmos é denominado Cânticos de Sião porque celebram a cidade de Jerusalém como o lugar que Deus escolheu como morada no meio do seu povo. Sião é o nome poético de Jerusalém. A ideia principal desses salmos é estabelecer uma estreita ligação entre Deus e sua cidade. É provável que esse gênero de salmo tenha sua origem na época de Davi quando Jerusalém tornou--se a cidade santa por abrigar a Arca da Aliança ainda antes da construção do Templo pelo Rei Salomão.

São considerados Cânticos de Sião os Salmos 46(45); 48(47); 76(75); 84(83); 87(86); 122(121) e 132(131).

Cânticos de peregrinação

Também chamados cânticos das subidas em alusão ao monte onde estava construído o Templo. São salmos cantados pelos peregrinos quando se aproximavam de Jerusalém e avistavam o Templo, ou mesmo quando entravam no santuário.

Alguns autores preferem denominá-los de Salmos graduais com referência aos degraus que levavam ao altar dos holocaustos no interior do Templo. Seriam salmos cantados pelos sacerdotes e levitas quando subiam os degraus do altar dos holocaustos.

Esses cânticos começam com um imperativo: Vinde, entrai, levantai-vos. Segue um convite a considerar as grandezas de Deus. São cânticos de peregrinação os Salmos 120(119) até 134(133).

Salmos alfabéticos ou acrósticos

São aqueles salmos nos quais a palavra inicial de cada versículo, ou grupo de versículos, começa com uma das letras do alfabeto hebraico. Podem ser hinos, ou súplicas, ou salmos de ação de graças.

Algumas edições da Bíblia em português colocam à margem esquerda do salmo a letra do alfabeto correspondente ao versículo. Infelizmente ao se fazer a tradução para o grego, depois para o latim e, finalmente, para o português, se perdeu a beleza dessas composições. Os Salmos alfabéticos são: 9/10(9A/9B); 25(24); 34(33); 37(38); 111(110); 112(111); 119(118) e 145(144).

6 OS SALMOS: ORAÇÃO DE JESUS E DOS CRISTÃOS

Todos os evangelistas nos apresentam Jesus como um homem de profunda oração. Mas, foi São Lucas quem o apresentou como um homem totalmente voltado para o Pai através da oração. Lucas mostra Jesus rezando nos principais momentos de sua vida: no batismo, na escolha dos Doze Apóstolos, na transfiguração, no Jardim das Oliveiras e mesmo na cruz. Como podemos notar, a oração de Jesus está unida à sua ação. Ele não só rezou como também pediu a seus discípulos que fossem pessoas de oração. E lhes ensinou a rezar o "Pai-nosso".

Na sua oração pessoal Jesus serviu-se dos salmos. Santo Agostinho se referiu a Jesus como "Este admirável cantor dos salmos".

Ao frequentar as sinagogas aos sábados, como todos os judeus, também Jesus cantou os salmos. Ele foi sempre fiel às celebrações das principais festas judaicas: Páscoa, Pentecostes, Tabernáculos, Dedicação. No banquete pascal, todos os anos, ao final da ceia, Jesus cantou com outras pessoas o chamado "Grande Hallel" (Sl 136(135)).

São João diz que os discípulos entenderam a ação de Jesus ao expulsar os vendedores e cambistas do Templo, à luz do Salmo 69: *"O zelo por tua casa me devorava"* (Sl 69,10). Ele, em uma discussão com os fariseus sobre o Messias, Jesus, jogando com as expressões "Filho de Davi" e "Senhor de Davi", argumentou com base no Salmo 110: *"Oráculo do Senhor ao meu senhor: "Senta-te à minha direita, até que ponha teus inimigos por escabelo de teus pés"* (Sl 110,1).

Segundo São João (13,18), ao falar da traição de Judas, Jesus citou o Salmo 41,10: *"Até meu aliado, em quem eu confiava, que comeu do meu pão, levantou contra mim o calcanhar"*.

Lucas põe nos lábios de Jesus, na hora de sua morte, uma frase tirada do Salmo 31: *"Em tuas mãos recomendo o meu espírito"* (Sl 31,6). Marcos e Mateus dizem que Jesus morreu citando o início do Salmo 22: *"Meu Deus, meu Deus, porque me abandonaste?"* (Sl 22,1).

Convém esclarecer aqui, que para um judeu citar o início de uma oração ou de um texto significava evocar o seu sentido total. Nesse sentido, Jesus tomou o Salmo 22 no seu sentido pleno. Não é a queixa de um revoltado, de um desesperado, mas a súplica de um justo que sofre certo do amor e da proteção divina.

Jesus ressuscitado disse a seus discípulos: *"Isto é o que vos dizia enquanto ainda estava convosco: é preciso que se cumpra tudo o que está escrito na Lei de Moisés, nos Profetas e nos Salmos a meu respeito"* (Lc 24,44).

Portanto, os salmos fizeram parte da oração e da espiritualidade de Jesus.

Para muitos cristãos a oração dos salmos apresenta muitas dificuldades. Dizem se tratar de uma oração superada, que não corresponde ao sentimento cristão.

É certo que muitos salmos nos chocam por algumas expressões quando se pede a Deus a maldição dos adversários, o desejo de vingança. Os salmos refletem a oração de pessoas que viveram muitos séculos antes de Jesus e, portanto, não conheciam a plena revelação divina. A retribuição divina ainda é buscada sobre essa terra. Não há a noção da retribuição após a morte. Deus dará a cada um a retribuição segundo suas obras ainda aqui na terra.

É nesse quadro da retribuição terrena que entendemos as imprecações dos salmos que nos escandalizam. Evoca-se a justiça punitiva de Deus contra os ímpios; se pede sua vingança que muitas vezes supõe a destruição física e moral do adversário.

É necessário lembrar que entre a ética dos salmos e a ética do Evangelho existe uma grande distância.

II

OS LIVROS SAPIENCIAIS

1

O LIVRO DE JÓ

O Livro de Jó pode ser considerado um dos grandes textos da literatura mundial. Trata-se de um livro provocante que levanta questões cruciais para qualquer pessoa: o problema da dor e do sofrimento. Qualquer pessoa pode encontrar em Jó um amigo de caminhada.

O livro tem como tema o sofrimento de um homem inocente. E é precisamente quando sofre que o homem se volta para Deus, ou dele se desvia completamente. Podemos afirmar que o Livro de Jó é um dos mais atraentes da Bíblia.

O título do livro

O livro, como tantos outros na Bíblia, toma o nome de seu protagonista, Jó. Trata-se de um personagem fictício lembrado no Livro do Profeta Ezequiel (14,14.20) e na Carta de São Tiago (5,11) como exemplo de paciência.

O autor

O autor é desconhecido, embora São Gregório Magno o tenha identificado com Moisés ou, na opinião de São João Crisóstomo, o livro foi escrito pelo Rei Salomão.

O autor, sem dúvidas, foi um israelita profundamente religioso, conhecedor da Bíblia. Como escritor, possui um grande talento. Era um poeta genial, pensador profundo, aberto aos mistérios de Deus e da alma humana. Ao lado do Profeta Ezequiel é um dos homens mais eruditos do Antigo Testamento.

Data de composição do livro

Nenhum outro livro da Bíblia oferece tantas possibilidades de datação. Baseados na descrição muito semelhante à época patriarcal do prólogo, alguns situaram sua composição no tempo de Moisés. Outros colocaram o livro no tempo do exílio quando o sofrimento atingiu toda a população de Judá.

Atualmente a opinião mais comum é que o livro foi escrito depois do exílio, porém não depois do século III a.C, pois o texto foi traduzido para o grego no século II a.C. e foram encontradas cópias nas grutas de Qumran. A data mais provável para a composição do texto é a primeira metade do século IV a.C.

Objetivo

O problema levantado pelo autor não é abstrato, mas muito concreto: o porquê do sofrimento humano confrontado com a bondade e justiça divinas. Jó é o representante das pessoas inocentes que sofrem. O livro contesta a tese tradicional da retribuição temporal, isto é, o ímpio sofre e o justo prospera.

A crença na retribuição espiritual e eterna só aparecerá em Israel nos escritos dos últimos séculos anteriores a Cristo, como o Livro da Sabedoria ou o Segundo Macabeus.

O livro

Prólogo: capítulos 1 e 2
Primeiro monólogo de Jó: capítulo 3
Três séries de diálogos entre Jó e seus três amigos: capítulos 4 – 27
Poema sobre a sabedoria: capítulo 28
Segundo monólogo de Jó: capítulos 29–31
Intervenção de Eliú: capítulos 32–37
Discursos de Deus e respostas de Jó: capítulos 38–42,6
Epílogo: capítulo 42,7-17

O prólogo (Jó 1-2) e o epílogo (42,7-17) são escritos em prosa. A parte central (Jó 3-42,6) é escrita no gênero poético.

Prólogo (1-2): descreve a felicidade, a piedade e a integridade moral de Jó. Trata-se de um homem rico, com muitos filhos, e estimado por todos por sua piedade e conduta moral. Ele preocupa-se com a honra de Deus e chega a oferecer sacrifícios pelas supostas culpas de seus filhos (5,1). Sua integridade é reconhecida pelo próprio Deus: *"Reparaste no meu servo Jó? Não há outro igual a ele na terra. É um homem íntegro e reto, que teme a Deus e se mantém longe do mal"* (1,8; 2,3).

Em reuniões da corte celeste, por duas vezes, satanás levanta suspeitas sobre a integridade de Jó. Para satanás Jó é interesseiro. Sua integridade e piedade têm como objetivo o favor divino.

> *"Será em troca de nada que Jó teme a Deus?"* (1,9). *"Mas estende tua mão e toca tudo o que ele possui"* (1,11).
>
> *"Pele por pele! Cada um daria tudo o que possui em troca de sua vida"* (2,4s.). *"Mas estende a tua mão; atinge-o na carne e nos ossos"* (2,5s.).

Para provar a fidelidade de Jó, Deus aceita o desafio de satanás e lhe permite, primeiro tirar seus filhos e seus bens, e depois o cobre de lepra. Jó ignora o que se passa no céu. Seu destino está em jogo. Porém, Jó se mantém fiel a Deus. Não procura conhecer as intenções de Deus, não discute, não dúvida, não acusa. Ao contrário ele bendiz a Deus. "Apesar de tudo Jó não pecou com seus lábios" (2,10).

É provável que o conto original atribuía as desgraças de Jó diretamente a Deus.

> *"O Senhor deu, o Senhor tirou; bendito seja o nome do Senhor"* (1,21).
>
> *"Ainda perseveras na tua integridade? Amaldiçoa a Deus e morre"* (2,9).
>
> *"Compadeceram-se dele e o consolaram por toda desgraça que o Senhor lhe enviara"* (42,11).

O autor do livro procurou resguardar a bondade divina e atribuiu todos os sofrimentos de Jó a satanás. Mas, satanás só age com a permissão divina. Ele não tem nenhum poder. satanás não é mencionado nos diálogos de Jó com seus amigos, e não aparece no final.

Parte central (3,1-42,6)

Na forma poética, o autor apresenta a tese central do seu texto: por que o justo sofre? O autor contesta, portanto, a tese tradicional que afirmava o sofrimento do perverso e a felicidade do íntegro e piedoso. Jó era piedoso e íntegro, e no entanto sofre. Qual a razão?

Três amigos de Jó, Elifaz de Temã, Baldad de Suás e Sofar de Naamat, que vieram consolá-lo, defendem a tese tradicional. Por três vezes cada um deles toma a palavra, sempre na mesma ordem, e Jó responde a cada um. O livro, portanto, apresenta três ciclos de diálogos de Jó com seus amigos: capítulos 4 a 14; 15 a 21 e 22 a 27.

Antes do primeiro ciclo de diálogos, o livro apresenta um monólogo de Jó (capítulo 3), em que ele aparece mais amargo, agressivo, desesperado. Jó apresenta alguns "porquês" a Deus. Ele não amaldiçoa Deus, mas questiona o seu nascimento, o carinho de sua mãe (3,11.12. 20). Jó deixa claro que não sabe por que Deus o faz sofrer

Seus amigos respondem às interrogações de Jó apresentando três teses: Deus pune os maus; a fidelidade do homem é sempre recompensada por Deus com a felicidade; ninguém é justo diante de Deus. Portanto, para seus amigos o sofrimento de Jó é consequência de seu pecado, de sua maldade. Para recuperar a felicidade perdida há um único meio: voltar para Deus. Jó responde a cada um de seus amigos defendendo sua integridade e questionando a ação divina (capítulo 6–7; 9–10; 12–14).

O capítulo 28 apresenta um poema à Sabedoria divina. Provavelmente é uma interpolação, pois não apresenta ligações com o contexto. A Sabedoria é inacessível ao homem. O homem é limitado no seu conhecimento e nunca chegará a compreender a Sabedoria divina.

Inexplicavelmente nos capítulos 32 a 37 aparece um quarto amigo de Jó, Eliú, que não foi citado anteriormente. Sua intervenção é mais apologética, isto é, procura defender Deus que Jó acusa de injusto e mostra que o sofrimento tem um valor educativo. Por isso, Eliú pede que Jó se cale, pois ele não compreende nada.

Finalmente, no meio de uma tempestade Deus intervém. Na primeira intervenção Deus questiona a arrogância de Jó (38,1–40,2). Jó responde humilhando-se diante de Deus (40,3-5). Há uma segunda intervenção de Deus (40,6–41,26). Jó responde se retratando (42,1-6).

Epílogo (42,7-17)

Deus julga severamente os amigos de Jó, que é restabelecido, e recupera sua posição social e econômica primitiva.

Composição do livro

É provável que o autor se serviu de um conto original sobre um homem justo que sofreu. Esse conto é facilmente reconhecido no prólogo e no epílogo do livro, isto é, nos capítulos 1 e 2 e 42, 7-17. As duas partes se harmonizam. Esse conto pode ter sido escrito no século X ou IX a.C. O Profeta Ezequiel, na época do exílio, faz alusão a Jó como exemplo de paciência (Ez 14,12-23).

Na primeira metade do século V a.C. um israelita piedoso que contestava a tese tradicional da retribuição temporal dos bons e dos maus, tomou o conto e inseriu nele os diálogos de Jó com seus amigos (4–27), os dois monólogos de Jó (3 e 29-31) e o diálogo de Deus com Jó na grande teofania (38,1–42,6). Assim, o conto original foi dividido em um prólogo e epílogo. Posteriormente, alguém introduziu os discursos de Eliú (32–37). Finalmente no século IV ou III a.C. foi acrescentado no texto o poema à sabedoria divina (capítulo 28).

Mensagem

O tema central do livro é o sofrimento humano. Por que sofremos? Essa pergunta continua atormentando os homens do nosso tempo. Diante do sofrimento e da morte continuamos nos questionando por que Deus o permitiu.

Os livros do Antigo Testamento respondem a essa questão com a tese da retribuição temporal dos justos e injustos. É Deus que abençoa e concede a felicidade aos bons e pune os maus com a infelicidade, a dor, o sofrimento. Essa retribuição divina ocorre ainda sobre a terra. Deus abençoa os bons concedendo-lhes vida longa, uma prole numerosa e riquezas. Os maus são castigados com uma vida curta e atormentada, com a ausência de filhos e com a pobreza.

A doutrina de uma retribuição após a morte só aparece nos livros posteriores ao século II a.C. como o Segundo Livro dos Macabeus e o Livro da Sabedoria.

O Livro de Jó contesta essa explicação. Também o justo sofre. Como justificar esse sofrimento diante da justiça divina.

Os amigos de Jó encaram o sofrimento do ponto de vista da justiça divina. Se o homem sofre é porque pecou. Portanto, o sofrimento é consequência do pecado ou pode ter um valor expiatório. A atitude de alguém que sofre deve ser de reconhecimento de seu pecado e de conversão. É preciso retirar a causa do sofrimento com a conversão.

O autor, ao contrário, mostra que não há correspondência matemática entre justiça e felicidade, pecado e infelicidade. Por isso apresenta a história de Jó que representa todos os sofredores de todos os tempos. Infelizmente o livro não apresenta uma resposta à essa inquietante pergunta. Ele não aceita a tese tradicional, mas não tem a resposta definitiva. Essa virá somente com Jesus que falará de uma retribuição após a morte.

Para o livro, mais importante do que descobrir a origem ou o motivo da dor ou mesmo justificá-la, é assumir uma atitude correta diante do sofrimento.

Jó deixa de se lamentar, de se justificar e de ver em Deus um inimigo poderoso, quando se encontra com esse mesmo Deus. Diante da majestade divina Jó reconhece sua nulidade, renuncia aos protestos e se recolhe em um silêncio de adoração.

O contato pessoal com Deus fortalece Jó. Ele continua sofrendo, mas sua atitude muda. Exteriormente não mudou nada em sua vida, mas interiormente há uma profunda transformação por causa de seu encontro pessoal com Deus.

Para o autor do livro o sofrimento faz parte de um sábio plano divino que o homem não consegue entender. Por isso sua atitude deve ser de humildade e de adoração diante de Deus.

2

O LIVRO DOS PROVÉRBIOS

O próprio livro apresenta o seu título: *"Provérbios de Salomão, filho de Davi, rei de Israel"* (1,1) ou *"Provérbios de Salomão"* (10,1). Provérbios é a tradução da palavra hebraica "meshalim" (plural de mashal). "Mashal" significa semelhança, comparação, sentença moral, provérbio, dito popular.

O Livro dos Provérbios contém máximas de sabedoria em forma de provérbios, mas também poemas (30,10-31) e descrições de gêneros diferentes, como por exemplo, a descrição do bêbado (23,29-35), ou do preguiçoso (26,13-16).

Podemos dizer que mais do que a forma literária, o que caracteriza um "mashal" é seu conteúdo doutrinal. Apresenta sempre um conteúdo ético-religioso tirado da experiência humana, ou concedido pela Sabedoria divina e apresentado de modo a facilitar sua memorização.

O Livro dos Provérbios é o mais antigo dos livros bíblicos classificado como literatura sapiencial. Trata-se de uma antologia de antigas coleções de máximas de sabedoria.

A atribuição do livro a "Salomão, filho de Davi, rei de Israel" se deve às informações sobre a sabedoria de Salomão relatadas no Primeiro Livro dos Reis: "(Salomão) pronunciou três mil provérbios e seus cânticos chegaram a mil e cinco" (1Rs 5,12). Porém, o Livro dos Reis contém também coleções de provérbios atribuídos a outras pessoas: 22,17-24,22 e é atribuída aos sábios de forma anônima; 30,1-14 são "Palavras de Agur"; 31,1-9 são "Palavras de Lemuel".

Alguns antigos escritores afirmaram que Agur e Lemuel eram pseudônimos de Salomão. Mas provavelmente são nomes próprios. Eles se apresentam como originários de Massa, região da Transjordânia habitada por tribos edomitas

O livro

Assim como o possuímos hoje, o livro se apresenta como a união de nove coleções de máximas ou sentenças morais e religiosas reunidas sem muita ordem e nexo. Essas coleções estão agrupadas em torno de duas coleções mais importantes atribuídas a Salomão (10,1–22,16 e 25,1–29,27) e são precedidas pelo título (1,1) e pelo prólogo (1,2-7).

Mesmo no interior de cada uma das coleções é impossível descobrir uma disposição lógica. As sentenças são reunidas sem um nexo evidente.

O livro está organizado em 9 coleções de máximas de sabedoria.

- 1,1: Título
- 1,2-7: objetivo e destinatários do livro
- 1,8–9,18: Primeira coleção - Convite a seguir a sabedoria
- 10,1–22,16: Segunda coleção - Provérbios de Salomão
- 22,17–24,22: Terceira coleção - Primeira coleção das sentenças dos sábios
- 24,23-34: Quarta coleção - Segunda coleção das sentenças dos sábios
- 25,1–29,27: Quinta coleção - Provérbios de Salomão reunidos pelo Rei Ezequias
- 30,1-14: Sexta coleção - Palavras de Agur
- 30,15-33: Sétima coleção - Provérbios numerais
- 31,1-9: Oitava coleção - Palavras de Lemuel
- 31,10-31: Nona coleção - Poema sobre a mulher virtuosa.

Na tradução grega chamada Bíblia dos Setenta, a disposição das coleções segue outra ordem. As três primeiras coleções seguem a ordem do texto hebraico. A partir da quarta coleção a ordem é diferente:

- Quarta coleção: Palavras de Agur, mas apresentada como anônima
- Quinta coleção: Segunda coleção das sentenças dos sábios
- Sexta coleção: Provérbios numerais

- Sétima coleção: Palavras de Lemuel, mas apresentadas como anônima

- Oitava coleção: Provérbios de Salomão reunidos pelo Rei Ezequias

- Nona coleção: Poema sobre a mulher virtuosa

Essa ordem diferente das coleções nos textos hebraico e grego se deve, provavelmente, ao fato que no momento da tradução para o grego o texto hebraico ainda estivesse em formação. As coleções são as mesmas, mas reunidas em ordem diferente. Além de uma outra ordem nas coleções, o texto grego apresenta também diferenças entre os versículos dentro das várias coleções.

Essa diferença na ordem das coleções nos permite também traçar em linhas gerais o processo de formação do livro.

À base de tudo parece estar a coleção de Provérbios de Salomão (10,1–22,16) provavelmente reunidos no seu tempo. Após o exílio teria sido composta a primeira coleção com o convite a seguir a sabedoria (1,8–9,18) que serviu de prólogo à coleção dos Provérbios de Salomão. Como epílogo foi acrescentada a terceira coleção, ou seja, a Primeira coleção das sentenças dos sábios (22,17–24,22).

Essas três coleções provavelmente formaram o núcleo central do livro. Um indício é a ordem idêntica que elas ocupam, seja no texto hebraico como no texto grego. A esse núcleo central foram sendo acrescentadas as outras coleções que hoje compõem o livro: mais uma sentença dos sábios (24,23-34); outra coleção de máximas de Salomão reunidas pelos escribas da corte do Rei Ezequias (25,1–29,27); as palavras de Agur (30,1-14) e de Lemuel (31,1-9); os provérbios numerais e finalmente o poema que canta as virtudes de uma mulher forte (31,10-31).

O livro deve ter sido concluído no século II a.C.

Uma parte da terceira coleção, intitulada "Primeira coleção das sentenças dos sábios" (22,17–23,11) apresenta uma grande semelhança com um texto egípcio conhecido como "Sabedoria de Amenenope". Amenenope era um escriba real do Egito e compôs um texto de máximas de sabedoria para a educação de seus alunos. Contém ensinamentos sobre preceitos fundamentais da lei natural, da educação individual e social, a prática da justiça. Seu texto se encontra hoje no Museu Britânico em Londres.

A maioria dos autores admite a dependência direta entre os dois textos. E o texto bíblico depende do texto egípcio, pois a "Sabedoria de Amenenope" foi redigida muito tempo antes do Livro dos Provérbios. Dependência não significa tradução. O texto bíblico foi remodelado e adaptado à literatura sapiencial israelita.

Esse não é o único exemplo de utilização de textos profanos pelos autores da Bíblia. O autor do Segundo Livro dos Macabeus afirma que fez um resumo de uma obra de um certo Jasão de Cirene (2Mc 2,24).

Mensagem

O Livro dos Provérbios é essencialmente um manual de conduta. Seus ensinamentos abrangem todas as esferas da vida humana, embora a maior parte seja de recomendações morais e religiosas. Porém, o livro não faz grandes referências a temas importantes na Lei de Moisés (Pentateuco), tais como a Aliança do Sinai, a circuncisão, os sacrifícios no Templo.

O Livro é fortemente teocêntrico. Deus é o criador da sabedoria. É santo, ama o direito e abomina a perversidade. Ele conhece todas as coisas e sonda os corações dos homens (5,21; 15,3.11). Deus é misericordioso mesmo quando castiga o homem (3,12).

Os atributos divinos são, muitas vezes, identificados com a sabedoria que é o princípio de tudo. A sabedoria é apresentada como uma Pessoa divina (8,12-36).

O ser humano possui um sopro divino comparado com uma lâmpada acesa pelo próprio Deus e ilumina todo o seu ser (20,27). Mas o maior dom de Deus aos homens é a sabedoria, fonte de todo o bem. Cabe ao homem buscá-la sempre (2,1-22; 3,13-20).

O homem deve praticar, sobretudo, a justiça e a caridade. Falta com a justiça quem põe em risco a vida de outra pessoa; quem, com falsos testemunhos, atenta com a reputação de seus irmãos (6,12-19). Falta com a justiça quem é desonesto nos seus negócios e age com usura (11,1; 20, 10.23; 22,22; 28,8). Falta com a caridade que não socorre o próximo (3,27-34; 21,13), quem se alegra com o mal dos outros (24,17-18), quem retribui o mal com o mal (24,29).

Ao contrário, é honrado quem doa esmolas. A esmola é um empréstimo a Deus (19,17). O bem feito a outras pessoas atrai as bênçãos divinas (22,9; 28,27).

O livro apresenta muitas máximas sobre a moral doméstica. A base da vida familiar é a fidelidade conjugal (5,15-21). Os pais devem educar seus filhos (22,6) e não devem deixar de lado a correção (13,24; 22,15; 29,15.17). Os filhos devem respeito a seus pais (1,8-9; 4,1-9; 23,22-25). A esposa virtuosa é elogiada por todos, é a honra de sua família (31,10-31).

3 | O LIVRO DO ECLESIASTES

Como o Livro dos Provérbios, também o Eclesiastes inicia apresentando seu título: *"Sentenças de Coélet filho de Davi, rei de Jerusalém"* (1,1). Mas, ao contrário do Livro dos Provérbios, o título se refere ao autor e não ao conteúdo do livro.

Eclesiastes é a tradução grega da palavra hebraica "QOHELET" (em português Coélet). "Qohelet" vem da palavra "QAHAL" que indica uma assembleia, uma reunião de pessoas, não necessariamente com finalidade religiosa.

Foram apresentadas muitas explicações da palavra "Coélet": aquele que convoca a assembleia, aquele que fala na assembleia, o diretor de uma assembleia, o homem da assembleia. A palavra parece indicar aquela pessoa que reúne em torno de si um auditório, um grupo de pessoas. Por razões desconhecidas a palavra passou a ser entendida como o pseudônimo do autor do livro. A Bíblia dos Setenta traduziu o termo hebraico por ECLESIASTES, com referência à palavra "ECCLESIA" que significa uma assembleia.

O autor

Tanto a Tradição judaica como a cristã, com base no título do livro, consideraram Salomão como o autor do livro. De fato, o autor se apresenta como "filho de Davi, rei de Jerusalém". Ora, Salomão foi filho de Davi e sucedeu seu pai no trono de Israel. Em 1,12-18 o autor repete a afirmação de que foi rei em Israel e faz um resumo de sua busca pela sabedoria. Porém, em 2,7.9 o autor afirma ser superior em grandeza e riqueza sobre os que o precederam em Jerusalém. Ora, antes de Salomão somente Davi reinou em Jerusalém.

Mas, o título do livro (1,1) foi redigido por outra pessoa muito tempo depois do verdadeiro autor. Provavelmente o redator serviu-se de 1,12 para identificar Coélet com o Rei Salomão.

Alguns autores admitem que o texto original sofreu vários acréscimos e correções ao longo do tempo, de modo que o texto atual seria o resultado do trabalho de nove autores diferentes. Outros identificaram apenas quatro escribas que contribuíram para a formação do texto que hoje possuímos. Mas a grande maioria admite que o livro é obra de um único autor. De fato, o livro se apresenta uniforme, com o mesmo tom realista e pessimista do autor.

É provável que um redator final tenha feito alguns acréscimos, como por exemplo, o título (1,1) e a conclusão do livro (12,9-14). Atualmente a tese da autoria de Salomão não é mais aceita. A identificação do autor com Salomão serviu para dar maior prestígio à obra e, sem dúvidas, auxiliou no momento da formação do cânon dos livros inspirados do Antigo Testamento.

Data da redação

O livro deve ter sido escrito no século III a.C. em Jerusalém. E foi traduzido para o grego no século II a.C. Nas grutas de Qumran foram encontrados fragmentos do texto hebraico que são do segundo século a.C.

O livro

Eclesiastes é um livro apaixonante. Mas continua, ainda hoje, apresentando uma série de interrogações. Qual o seu gênero literário? Qual a sua estrutura?

O livro foi colocado entre os chamados Livros Sapienciais ao lado dos Livros dos Provérbios, Eclesiástico e Sabedoria. Mas o seu gênero literário é diferente. Enquanto os Livros dos Provérbios, Eclesiástico e Sabedoria são compostos por sentenças de moral ou religiosas, provérbios e ensinamentos da sabedoria popular, Eclesiastes é formado por textos em prosa e em poesia. Não são sentenças soltas, mas seu conteúdo gira em torno de uma afirmação: "Tudo é ilusão".

Eclesiastes é sim um livro sapiencial, mas com seu gênero literário próprio. Também sua estrutura é debatida. Todos concordam que o livro possui um prólogo no qual é apresentado o autor e sua tese fundamental, e um epílogo.

- **Prólogo:** *"Sentenças de Coélet, filho de Davi, rei de Jerusalém. Ilusão, pura ilusão – diz Coélet – ilusão pura ilusão. Tudo é ilusão"* (1,1-2).

- **Epílogo:** *"Ilusão, pura ilusão! – dizia Coélet – tudo é ilusão"* (12,8).

Entre esses dois textos que contêm a mesma afirmação, o autor desenvolveu a sua argumentação: em que consiste a felicidade humana. Seu raciocínio gira em torno da mesma afirmação, **"Tudo é ilusão"** que, como um refrão, é repetido mais de vinte vezes. Como conclusão, o redator final acrescentou algumas observações sobre Coélet e alguns conselhos (12,9-14).

Mensagem

"Eu, Coélet, fui rei de Israel, em Jerusalém. Dediquei-me a investigar e a explorar com sabedoria tudo o que se faz debaixo do céu" (1,12-13).

Coélet não é um filósofo que indagou sobre o conhecimento e a vida humana como fizeram e fazem os filósofos. Todo o seu conhecimento parte da experiência humana. Seu método de investigação é a observação, a experiência. Tudo se baseia no ver, no investigar, pesquisar, encontrar, procurar conhecer:

- *"Dediquei-me a investigar e a explorar com sabedoria..."* (1,13)
- *"Examinei todas as obras que se fazem debaixo do sol"* (1,14)
- *"Eu pensei comigo: "Vai, experimenta a alegria..."* (2,1)
- *"Passei, então, a considerar a sabedoria, a loucura e a insensatez..."* (2,12)

O objeto de sua investigação é definido como "tudo o que se faz debaixo do céu" (1,13; 2,3; 3,1) ou "debaixo do sol" (1.3.9.14). Tudo o que se refere à vida humana é objeto de sua pesquisa. A palavra "tudo" é usada pelo autor mais de noventa vezes. Porém, é impossível conhecer tudo:

> *"Observei toda a obra de Deus em seu conjunto e percebi que ninguém é capaz de descobrir tudo o que se realiza debaixo do sol. Por mais que alguém se esforce por descobrir, não o conseguirá; ainda que o sábio pretenda sabê-lo, não o conseguirá"* (8,17).

O objetivo de sua investigação era saber que proveito tinha para o homem as coisas que aconteciam na sua vida.

> *"Que proveito tira alguém de todo o trabalho com que se afadiga debaixo do sol?"* (1,3).

"Proveito" não deve ser entendido como vantagem, mas como satisfação. Sua indagação é por aquilo que é bom ao homem, o que dá valor à sua vida.

A sua conclusão é que tudo é ilusório. A palavra hebraica _hebel_ usada pelo autor indica algo efêmero, passageiro como a fumaça, a névoa ou a neblina. A Bíblia Vulgata traduziu a palavra hebraica por "vanitas" que está na origem da expressão: "Vaidade das vaidades. Tudo é vaidade". Porém, o termo "vaidade" tem outro sentido em português. O sentido original é de algo ilusório, passageiro, efêmero. Mesmo o conhecimento é algo ilusório, pois nunca será total. A experiência de cada dia aumenta nosso conhecimento. Assim, o meu conhecimento vai aumentar amanhã, depois de amanhã...

Não é ceticismo ou pessimismo. Coélet sabe que o homem conhece muitas coisas, mas seu conhecimento nunca será absoluto. Mesmo a experiência mostra que algumas coisas têm mais valor do que outras: a sabedoria é melhor do que a estupidez; o dia é superior à noite; o amor tem muito mais valor do que o ódio; o sábio é superior ao rei.

Mas existe um bem na vida que consiste na busca da felicidade, da alegria que é um sentimento que faz parte do homem. O homem não deve inventar um mundo que não existe, mas procurar a felicidade em sua vida. E Coélet indica três modos como a felicidade se manifesta. O primeiro é através da satisfação que uma pessoa prova ao ver o bom resultado de suas ações. O segundo modo é a alegria que deriva das coisas que trazem prazer tais como o amor, o bom vinho, o comer e beber. O terceiro, talvez reservado a poucos, é o gozar das coisas belas da criação.

O autor sabe que a vida bem vivida produz felicidade. E isso ele deduz da própria experiência. Porém, mesmo essa felicidade é efêmera, ilusória. Desaparece do mesmo modo como veio.

CÂNTICO DOS CÂNTICOS

O livro se intitula: *"O Cântico dos Cânticos de Salomão"* (1,1). Para indicar o superlativo em hebraico é frequente a repetição do substantivo. Por exemplo: Senhor dos Senhores, Rei dos reis, Vaidade das vaidades, Santo dos santos. Assim, a expressão Cântico dos Cânticos significa o Cântico por excelência, o mais sublime.

O livro é uma coletânea de cânticos de amor de uma jovem de "cor negra e formosa" (1,5), chamada Sulamita (7,1) e de seu amado que ora é identificado com um pastor (1,7-8), ora com o Rei Salomão (3,7-11).

Na Tradição judaica o Livro dos Cântico dos Cânticos é lido por ocasião da festa da Páscoa, porque na interpretação alegórica no livro se canta o amor entre Israel (a jovem) e seu amado (Deus). Esse amor se torna patente na libertação do Egito.

O autor

Baseados em 1,1; 3,9; 8,11 os rabinos e antigos autores cristãos atribuíram o livro ao Rei Salomão. Hoje, os autores preferem ver na citação de Salomão apenas mais um caso de pseudonimia.

O livro

Com apenas oito capítulos esse livro é comparado às mais belas poesias orientais. O argumento é o amor entre dois jovens, um amor autêntico, grande, apaixonado.

Mais do que descrever sentimentos de amor, o autor se atém na descrição da beleza dos corpos dos amantes. O livro canta o desabrochar do primeiro amor e não leva necessariamente ao casamento.

Em todo o livro, o nome de Deus aparece uma única vez (8,6).

Alguns autores levantaram a hipótese de que se trate de vários cânticos de amor que foram compostos para serem cantados em circunstâncias bem determinadas como o noivado, ou o casamento, ou mesmo nas festas da corte. Alguns autores identificaram de quatro a cinquenta e dois cânticos. Mas a tendência é reconhecer a unidade do livro. De fato, a linguagem é idêntica em todo o texto, e são frequentes os refrãos. Por exemplo:

> *"Prometei-me, ó filhas de Jerusalém, pelas gazelas ou corsas do campo, que não ireis despertar o meu amor antes que ele o queria"* (2,7; 3,5; 8,4).

Todo o livro é constituído de um diálogo entre a mulher amada, o seu amado e o coro das "filhas de Jerusalém". Trata-se de um diálogo particular, porque nenhum dos três personagens responde ao outro, mas cada um recita a sua parte e depois espera a intervenção do outro.

Data de composição

Com base no título do livro, alguns autores afirmam que o livro foi composto no tempo de Salomão.

Atualmente, se admite que o livro foi composto na época persa, isto é, depois do exílio, provavelmente no século III a.C.

Modos de interpretação

O Livro do Cântico dos Cânticos pode ser interpretado de modos diferentes:

Interpretação literal

Há pessoas que afirmam que o texto exalta exclusivamente o amor humano e que entrou no Cânon da Bíblia por engano. O primeiro defensor dessa interpretação foi o Bispo Teodoro de Mopsuéstia (350-428) que considerava o Cântico dos Cânticos uma composição em que o Rei Salomão cantava a beleza de sua esposa egípcia diante dos habitantes de Jerusalém.

Muito tempo depois sua interpretação foi retomada e alguns exegetas afirmaram que se trata de cânticos eróticos sem nenhum nexo condutor, ou que são cânticos para as núpcias em algumas tribos de nômades. Seu objetivo seria celebrar o amor humano. Esse modo de interpretar o livro foi totalmente ignorado pela Tradição judaica e pela exegese cristã primitiva.

Interpretação alegórica

A exegese hebraica sempre interpretou alegoricamente o Cântico dos Cânticos. Sob a alegoria do amor de um jovem por sua esposa, o livro descreve o amor de Deus por seu povo de Israel. Sob essa base a exegese cristã viu no esposo e na esposa figuras de Cristo e a Igreja, ou de Cristo e a alma dos fiéis.

Seria necessário optar por uma interpretação e excluir a outra?

Não necessariamente. Os dois modos de interpretar o Cântico dos Cânticos não se excluem. Os defensores da interpretação literal admitem a possibilidade de um sentido simbólico ou parabólico no texto. E os que defendem a interpretação alegórica admitem que o amor humano serviu como base da alegoria do amor divino por seu povo.

Mensagem

Podemos afirmar que no Cântico dos Cânticos temos uma teologia do amor humano. Sua linguagem literal é tirada da sexualidade humana. O texto fala de amor, de beleza física, de beijos, abraços, carícias, do desejo e da paixão, da procura do amado.

O amor humano é algo profundo e bonito. O livro exalta o prazer de amar. O homem e a mulher são tratados com igualdade. Cabe à mulher a primeira e a última palavra do livro. Ela sempre tem a iniciativa. Podemos dizer que o texto exalta a igualdade que o Criador quis ao criar ambos os sexos.

É importante lembrar que o livro descreve o amor humano sem mencionar o matrimônio e a procriação. O amor é cantado em si mesmo. Cantando o amor em toda a sua beleza, o texto se torna, para nós, símbolo do profundo amor de Deus. O amor humano cantado no livro é um meio para reconhecermos o modo como Deus nos ama. Os grandes místicos da Igreja como São Bernardo de Claraval, Santa Tereza de Ávila e São João da Cruz se serviram muitas vezes do Livro do Cântico dos Cânticos para expressar o profundo amor entre Deus e a alma dos fiéis.

No Cântico dos Cânticos o amor humano se inspira do amor divino. O Eros (amor passional) desemboca no Ágape (amor doação).

O LIVRO DA SABEDORIA

5

Nos códices antigos escritos em grego o livro é chamado de **"Sabedoria de Salomão"**. Ao fazer a tradução da Bíblia para a latim (Vulgata), São Jerônimo deu ao livro o título de **Livro da Sabedoria** que é usado nas edições modernas.

Autor

A Tradição cristã, baseada em algumas passagens (7,1-5.17s.; 9,1s.) atribuiu o livro ao Rei Salomão. Porém, já muitos escritores antigos duvidaram da autoria de Salomão. Alguns inclusive consideraram o tradutor do Livro do Eclesiástico, Jesus ben Sirac, como o verdadeiro autor.

O autor continua anônimo. É certo que foi um judeu helenista, isto é, de cultura grega. Provavelmente vivia em Alexandria no Egito onde havia uma grande colônia judaica e onde surgiu a tradução grega da Bíblia chamada Setenta.

Data de composição

O livro foi originalmente escrito em grego. Ora, o grego tornou-se a língua mais falada no mundo da época após as conquistas de Alexandre Magno (365-323 a.C.).

O livro deve ter sido escrito no final do século I, entre os anos 50 e 30 a.C. Assim, o Livro da Sabedoria é o último livro do Antigo Testamento na ordem cronológica.

Objetivo do livro

O autor pretende conseguir um duplo objetivo: sustentar a fé dos judeus da diáspora e apresentar aos pagãos o conhecimento da verdadeira Sabedoria.

O livro é endereçado antes de tudo aos judeus que viviam fora de Israel com o objetivo de fortificar e sustentar a sua fé. De fato, os judeus que viviam fora de Israel corriam o risco de assimilar a cultura pagã e abandonar a fé recebida dos seus antepassados.

Ao mesmo tempo o autor, ao criticar o culto pagão, mostra a superioridade da religião judaica. Por isso ele se dirige a todos os reis da terra (6,1-8) convidando-os a se tornarem discípulo da verdadeira sabedoria.

O livro

Alguns estudiosos do livro sustentaram a hipótese de que o texto é obra de três ou mais autores. Mas, atualmente, a maioria dos autores afirmam que um único autor escreveu o livro todo. As pequenas diferenças de tom e de estilo são explicadas com o tempo tomado pelo autor para compor todo o texto.

Ao contrário do Livro dos Provérbios, o Livro da Sabedoria se apresenta bem estruturado. O texto é dividido em três partes:

1ª Parte: 1,1–6,21: A importância da Sabedoria no destino do homem.
2ª Parte: 6,22–9,18: Origem e natureza da Sabedoria.
3ª Parte: 10,1–19,22: A Sabedoria na história de Israel.

Canonicidade

O Livro da Sabedoria faz parte dos chamados Deuterocanônicos. Isto é, faz parte dos livros que não estão na Bíblia hebraica porque não foram escritos em hebraico, ou foram escritos fora de Israel ou quando não havia mais profetas.

Ora, o Livro da Sabedoria foi escrito em grego, no Egito e no final do século I a.C. época que não havia mais profetas. Mas o livro, ao lado de Eclesiástico, Macabeus e outros, foi colocado entre os livros inspirados no cânon da Bíblia grega, da Setenta. A tradução da Vulgata conservou os mesmos livros da Setenta. Por essa razão, o Livro da Sabedoria faz parte da Bíblia católica, mas está ausente da Bíblia hebraica e da Bíblia protestante.

Mensagem

Deus ocupa o lugar central no livro. Ele é chamado "aquele que é" (13,1); é o criador (13,3.5); aquele que governa o mundo, o guia da sabedoria (7,15). Por duas vezes Deus é chamado Pai (2,16 e 14,3) algo inédito nos outros livros do Antigo Testamento. Ele ama a todos os seres humanos (11,24.26) e tem compaixão de todos (11,23). E cada homem pode tornar-se amigo de Deus pela sabedoria (7,14.28).

Em polêmica contra a idolatria o autor aborda dois aspectos: o culto da natureza e o culto dos ídolos. Em se tratando do culto da natureza, o livro afirma que o homem, considerando a beleza da criação, pode chegar ao conhecimento do seu autor, Deus. Pois Deus se manifesta nas coisas criadas (13,1). Divinizar as criaturas é desconhecer a grandeza de seu autor.

Quanto ao culto aos ídolos, o autor afirma que sua origem está no amor dos pais por seu jovem filho morto (14,15-16) e no culto aos reis retratados pelos artistas (14,17-20). Então, pela dor da perda de um ente querido, ou por respeito aos reis, passou-se a idolatrar suas imagens. A idolatria é a causa de todos os males do mundo (14,27s.).

Importante no livro é a personificação da Sabedoria que é apresentada como uma "pessoa" distinta de Deus. A Sabedoria é de natureza divina, possui as mesmas perfeições de Deus (2,22-26), conhece tudo (7,21; 8,4.6) e não mora com o pecado (1,4). A Sabedoria tem um trono ao lado do trono de Deus (9,4). Ela conserva todas as coisas (7,27) e governa o universo com retidão (8,1).

A Sabedoria quer estreitar relações pessoais com os homens. Procura formar os filhos de Deus (2,13; 5,5). Por mais inteligente que seja, o homem sem a Sabedoria não poderá conhecer Deus nem fazer nada que lhe agrade (9,10).

O autor nunca identificou a Sabedoria com Deus, mas insiste nas suas qualidades divinas. A teologia da Igreja usou esses textos referindo-se a Jesus Cristo, a Divina Sabedoria.

Enquanto a mentalidade hebraica considera o ser humano como um todo orgânico que possui o sopro de Deus, a vida, para o Livro da Sabedoria o homem é formado de corpo e alma (1,4; 8,19-20). Isso é característico da filosofia grega.

Deus criou o homem para a incorruptibilidade (2,23) e a esperança dos justos está cheia de imortalidade (3,4). A morte física e espiritual foi introduzida no mundo pelo diabo (2,24). Mas o projeto inicial de Deus não foi alterado. Os justos sofrem a morte física que atinge a todos, mas para eles é uma simples passagem para uma vida de amizade com Deus. O Sheol ou Hades não é morada eterna de todos os mortos, mas somente dos ímpios.

À luz do princípio da imortalidade o autor aborda o problema da retribuição (4,7-19). E conclui que a prosperidade dos maus não é verdadeira, porque eles serão castigados depois da morte (4,20). Os justos serão admitidos na vida divina (5,5).

Porém, a doutrina da imortalidade não é completa, pois o livro não faz menção da ressureição dos mortos.

6

O LIVRO DO ECLESIÁSTICO

O Livro do Eclesiástico é o mais importante dos livros sapienciais. Santo Agostinho, no final de sua vida, dizia ter encontrado nele mais subsídios para sua vida espiritual do que em outros livros.

Após os Salmos, é o Livro do Antigo Testamento mais usado na liturgia da Igreja.

No texto grego e em muitas versões antigas, o livro é intitulado: "Sabedoria de Jesus filho de Sirac" (50,27). Os autores modernos retomaram esse título e falam em "Sabedoria de Ben Sirac" ou simplesmente "Sirácida".

O título "Eclesiástico" provém da antiga tradução latina da Bíblia. Discute--se, ainda hoje, o significado desse título. Alguns afirmam que o livro era uma espécie de catecismo proposto aos catecúmenos. Outros afirmam que o livro era contado entre os Livros Eclesiásticos, mas não canônicos. Há ainda aqueles que afirmam que o título se refere à leitura do livro nas assembleias litúrgicas. Seja qual for a explicação, o Eclesiástico ou Sirácida não deve ser confundido com o Eclesiastes ou Coélet.

Autor

Com exceção dos livros proféticos, Eclesiástico é o único Livro do Antigo Testamento que apresenta o nome de seu autor: "Jesus filho de Sirac, filho de Eleazar de Jerusalém" (50,27). Porém, no texto hebraico o autor se chama "Simeão, filho de Jesus, filho de Eleazar, filho de Sirac".

Era originário de Jerusalém onde certamente, passou grande parte de sua vida. Seu livro revela seu gosto pela vida em sociedade e, sobretudo, pela frequência ao Templo. Era um escriba e provavelmente possuía uma escola que ele denomina "casa do ensino" (51,23). Era um homem de fé profunda e se consagrou ao estudo da sabedoria e da Lei de Deus desde a sua juventude (51,13).

História do texto

O autor escreveu seu livro em hebraico. Porém, até 1896 só era conhecido o texto grego do livro. São Jerônimo afirma ter conhecido o texto hebraico, mas não o usou na tradução para o latim. Por causa de sua pouca estima pelos livros deuterocanônicos (escritos em grego), São Jerônimo preferiu usar um texto em latim da chamada Vetus Latina.

Entre 1896 a 1900 foram encontrados, no depósito de uma sinagoga do Cairo (Egito), cinco manuscritos em hebraico que datam do século XI ou XII d.C. Esses manuscritos contêm dois terços do livro.

A partir de 1947, na segunda gruta de Qumran, foram encontrados dois fragmentos do Eclesiástico, em hebraico, que datam do século I a.C. Também nas ruínas da fortaleza de Massada foram encontrados fragmentos em hebraico semelhantes aos encontrados na cidade do Cairo datados entre os anos 100 e 70 a.C. Infelizmente o texto hebraico desapareceu. Atualmente conhecemos dois terços do livro em hebraico.

No final do século I d.C. na assembleia de Jamnia, os rabinos excluíram o Eclesiástico do cânon dos livros inspirados. O livro foi considerado obra dos Minin, isto é, dos hereges, com influência do epicurismo.

A tradução grega do livro foi feita pelo neto de Jesus ben Sirac. No prólogo de sua tradução, o tradutor afirma que viveu no Egito no trigésimo oitavo ano do Rei Evergetes.

O faraó do Egito Ptolomeu V Epifânio (203-181 a.C.) ao morrer, deixou dois filhos de pouca idade. O seu filho mais velho, Ptolomeu VI Filometor (181-145 a.C.) subiu ao trono com cinco anos de idade e sua mãe chamada Cleópatra se tornou a regente.

Em 170 a.C. Ptolomeu VI foi aprisionado por Antíoco IV e levado para a Síria. Seu irmão, Ptolomeu VII Evegetes II, se tornou faraó. Quatro anos depois, Ptolomeu VI voltou da prisão na Síria e os dois irmãos reinaram juntos até a morte do mais velho em 145 a.C. Então, Ptolomeu VII Evergetes II tornou-se o único faraó. Porém ele contava os anos de seu reinado não de 145, ano da morte de seu irmão, mas do ano 170 a.C. quando seu irmão foi para a Síria.

Assim, o ano 38 de Ptolomeu Evergetes II é o ano 132 a.C. época em que o neto de Jesus Ben Sirac chegou ao Egito e iniciou a tradução do livro de seu avô para o grego. Se acrescentarmos ao ano 132 o número de anos que normalmente separa o neto do avô, chegaremos à conclusão que o livro foi escrito por volta do ano 180 a.C.

Portanto, o Livro do Eclesiástico foi escrito em hebraico por Jesus filho de Sirac pelo ano 180 a.C. em Jerusalém. Seu neto iniciou a tradução para o grego no ano 132 a.C. no Egito, provavelmente em Alexandria.

O livro

O livro apresenta vários temas morais e religiosos unidos sem muito nexo e lógica. Os textos foram colocados um após o outro de modo casual. Tem-se a impressão de que o autor, na sua velhice, reuniu uma série de textos compostos ao longo de sua vida. Por isso, é muito difícil apresentar uma estrutura interna no livro.

Mas é possível ver no texto duas partes e um apêndice:

- 1,1 – 42,14: contém o ensinamento de Jesus, filho de Sirac, agrupado sem uma lógica.

- 42,15 – 50,29: é um hino à glória Deus que se manifesta na criação e na história de Israel.

- 51,1-30: é um apêndice com uma oração do autor e o convite a buscar a sabedoria.

Mensagem

O livro contém uma série de instruções éticas que abrangem vários aspectos da vida: a prudência no falar (5,9–6,1; 11,7-9; 19,18–20, 8.18-26; 23,7-15; 27,11-29; 28,8-26; 37,16-18); moderação nos alimentos (31,12-31); cuidado com as paixões (6,2-4; 22,27–23,6); atenção com a ambição (4,29–5,8; 10,26–11,6; 31,1-10).

O autor possui uma ideia elevada de Deus, do qual exalta a eternidade (18,1), a onipotência (15,18), a misericórdia (18,5), o governo do mundo (11,12-18).

Toda a conduta moral e religiosa do ser humano está baseada no temor de Deus. Esse temor está baseado na confiança (2,6-14; 32,24–33,1), no amor (2,15s.; 34,13-16), na fidelidade aos mandamentos (2,14), no respeito para com os pais (3,17), na misericórdia para com os pobres.

O livro não contém a doutrina da retribuição após a morte. Por isso o autor afirma que o sentido da vida está na longevidade. A vida é um dom divino.

REFERÊNCIAS

ASENSIO, Victor Morla. *Livros Sapienciais e outros Escritos* – Introdução ao estudo da Bíblia Vol. 5. S. Paulo: Ed. Ave-Maria, 2008.

CERESKO, Anthony R. *A Sabedoria no Antigo Testamento*. São Paulo: Paulus, 1999.

FERNANDES, Leonardo Agostini e GENZER, Matthias. *Dança ó terra*. Interpretando os Salmos. São Paulo: Paulinas, 2013.

GARCÍA MARTÍNEZ, José Maria (org.). *Os Salmos*. São Paulo: Paulinas, 1998.

HEINEN, Karl. *O Deus indisponível* – O Livro de Jó. São Paulo: Paulinas, 1982.

LINDEZ, José Vilchuz. *Sabedoria e Sábios em Israel* – Bíblica/Loyola 25. São Paulo: Loyola, 1999.

LORENZIN, Tiziano. *Livros Sapienciais e Poéticos* – Introdução aos Estudos Bíblicos. Petrópolis: Editora Vozes, 2020.

MONLOUBOU, J. et al. *Os Salmos e os outros Escritos* – Biblioteca de ciências bíblicas. S. Paulo: Paulus, 1996.

RAVASI, G. *Coélet*. Pequeno Comentário Bíblico – AT. São Paulo: Paulinas, 1993.

_____. *Cântico dos Cânticos*. Pequeno Comentário Bíblico – AT. São Paulo, Paulinas, 1988.

SCHWIENHORST-SCHONBERG, Ludger. *Um caminho através do sofrimento*. O Livro de Jó. S. Paulo: Paulinas, 2011.

STADELMANN, I.L. *O Cântico dos Cânticos*. Bíblica/Loyola 11. São Paulo: Loyola, 1993.

TERRIEN, Samuel. *Jó* – Grande Comentário Bíblico. São Paulo: Paulus, 1994.

COLEÇÃO
INTRODUÇÃO À BÍBLIA

Pe. José Carlos Fonsatti

- *O Pentateuco – Introdução geral*
- *Introdução à Bíblia*
- *Os Livros Históricos da Bíblia*
- *Os Livros Proféticos*
- *Os Salmos e os Livros Sapienciais*
- *Introdução aos Quatro Evangelhos*

CULTURAL
- Administração
- Antropologia
- Biografias
- Comunicação
- Dinâmicas e Jogos
- Ecologia e Meio Ambiente
- Educação e Pedagogia
- Filosofia
- História
- Letras e Literatura
- Obras de referência
- Política
- Psicologia
- Saúde e Nutrição
- Serviço Social e Trabalho
- Sociologia

CATEQUÉTICO PASTORAL
Catequese
- Geral
- Crisma
- Primeira Eucaristia

Pastoral
- Geral
- Sacramental
- Familiar
- Social
- Ensino Religioso Escolar

TEOLÓGICO ESPIRITUAL
- Biografias
- Devocionários
- Espiritualidade e Mística
- Espiritualidade Mariana
- Franciscanismo
- Autoconhecimento
- Liturgia
- Obras de referência
- Sagrada Escritura e Livros Apócrifos

Teologia
- Bíblica
- Histórica
- Prática
- Sistemática

REVISTAS
- Concilium
- Estudos Bíblicos
- Grande Sinal
- REB (Revista Eclesiástica Brasileira)

VOZES NOBILIS
Uma linha editorial especial, com importantes autores, alto valor agregado e qualidade superior.

PRODUTOS SAZONAIS
- Folhinha do Sagrado Coração de Jesus
- Calendário de mesa do Sagrado Coração de Jesus
- Almanaque Santo Antônio
- Agendinha
- Diário Vozes
- Meditações para o dia a dia
- Encontro diário com Deus
- Guia Litúrgico

VOZES DE BOLSO
Obras clássicas de Ciências Humanas em formato de bolso.

CADASTRE-SE
www.vozes.com.br

EDITORA VOZES LTDA.
Rua Frei Luís, 100 – Centro – Cep 25689-900 – Petrópolis, RJ
Tel.: (24) 2233-9000 – Fax: (24) 2231-4676 – E-mail: vendas@vozes.com.br

UNIDADES NO BRASIL: Belo Horizonte, MG – Brasília, DF – Campinas, SP – Cuiabá, MT
Curitiba, PR – Fortaleza, CE – Juiz de Fora, MG – Petrópolis, RJ – Recife, PE – São Paulo, SP